Disney Princesa

7 cuentos para la semana

LIBROS Disney

La película *Tiana y el sapo* ©2009 Disney
Inspirada parcialmente en el libro *The Frog Princess* de E. D. Baker; © 2002 Bloomsbury Publishing, Inc.

Publicado en España por Editorial Planeta, S. A., 2022
Avda. Diagonal, 662-664, 08034, Barcelona (España)
www.planetadelibrosinfantilyjuvenil.com
www.planetadelibros.com
Publicado en marzo de 2022
ISBN: 978-84-18939-65-5
Depósito legal: B. 1.451-2022
Impreso en Serbia

★ ÍNDICE ★

★ LUNES: El huerto de Tiana .... página 5

★ MARTES: Ariel y el baile de la pandereta ..... página 23

★ MIÉRCOLES: Rapunzel y su noche al raso ... página 41

★ JUEVES: El baño de Lucifer .... página 59

★ VIERNES: Aurora y los unicornios .... página 77

★ SÁBADO: La Bella y la Bestia .... página 95

★ DOMINGO: Blancanieves y los siete enanitos ... página 113

Disney Princesas

LUNES

EL HUERTO DE TIANA

Con un suspiro, Tiana colgó el teléfono.

—Ningún granjero de Luisiana tiene lo que quiero —explicó a Naveen.

Todos tenían pimientos rojos, verdes y de Cayena, pero no había ninguno que cultivara guindillas fantasma, un producto que solo crecía en la India.

La princesa no se desanimó: en un periódico, encontró la dirección de un granjero indio y le escribió. Al cabo de unas semanas, Naveen entró en la cocina.

—¡Una carta de la India! —exclamó.

Además de una carta con unas palabras amables, el sobre contenía un paquetito de semillas de guindillas fantasma.
«El único problema —pensó Tiana— es que para sembrar y cultivar plantas hace falta un huerto.»

Tras meditar un rato, Tiana subió a la azotea del restaurante.

—¡La voy a transformar en un huerto! —dijo, y se puso a barrer y a recoger los trastos que había.

Al día siguiente, en el mercado compró tierra, macetas y herramientas de jardinería. Cuando llegó a casa, se puso manos a la obra: llenó las macetas, hizo agujeros en la tierra, sembró las semillas y, por último, las regó.

Cada mañana, antes de abrir el restaurante, Tiana subía a echar un vistazo a sus macetas.

—Espero que funcione —dijo a Naveen—. Solo tengo esas semillas.

—Tienes que ser paciente —respondió Naveen—. Seguro que irá bien.

Un día, en una maceta apareció un brote de un verde pálido. Tiana, emocionada, fue corriendo a buscar a Naveen.

—¡Mira! —exclamó feliz.

Naveen estaba tan entusiasmado que decidió que él también plantaría algo.

—Me gustaría sembrar pepinos, pero ¿hay que enterrarlos enteros?

Divertida, Tiana abrió el pepino y extrajo las semillas.

—Ya está. Ahora tenemos que lavarlas y dejar que se sequen unos días.

—¿Unos días? ¡Pero yo quería trabajar en el huerto hoy contigo!

—¿Acaso no me has dicho tú mismo que sea paciente? —respondió Tiana sonriendo.

En ese momento, Louis apareció en la cocina.
—¡Os he oído, pareja! Yo también quiero sembrar cosas. ¿Puedo?
—¡Claro que sí! —dijo Tiana.

Cada mañana, los tres subían a la azotea. Aquel día, Tiana se ocupó de todo lo que había sembrado, Naveen revisó sus semillas de pepino y Louis regó las plantas de rábanos.

Un día, recibieron la visita de Charlotte.
—Oh, Tiana, ¡qué guindillas tan fantásticas! Y tus rábanos son magníficos, Louis, y… ¿esas flores son de pepino?
Naveen asintió, orgulloso.

—¡Vaya! Viendo que os lo pasáis tan bien, me han entrado ganas de cultivar algo —exclamó Charlotte.

—¡Genial! Pues vamos al mercado a buscar las semillas que necesites —propuso Tiana.

Las semanas siguientes, las plantas fueron creciendo y creciendo. Charlotte saltó de alegría al ver florecer lo que había sembrado.
Naveen contempló la azotea con satisfacción.

—¡Tenemos más hortalizas y frutas de las que necesitamos! ¿Qué vamos a hacer con todo esto?

—Mmm... ¿Qué os parecería comer esta noche una buena ensalada y un *jambalaya* con muchas especias? —sugirió Tiana con una sonrisa.

Disney Princesas

MARTES

ARIEL Y EL BAILE DE LA PANDERETA

Un día, mientras paseaba por el mercado, Ariel se detuvo delante de un grupo de bailarinas.

—¡Qué maravilla! —exclamó—. Me encantaría saber bailar como vosotras.

—Solo hay que aprender —le respondió una de ellas—. Ven mañana con una pandereta.

Al día siguiente, Ariel se reunió con las bailarinas. Para darse ánimos, inspiró profundamente y agitó la pandereta. ¡Pim, pim, pim!
«¡Puedo hacerlo!», pensó.

—¡Bienvenida! Soy Isabella —le dijo la profesora—. Aunque este baile es un poco complicado, piensa que todas empezaron como tú.

«Pero ellas siempre han tenido piernas... ¡no como yo!», pensó Ariel.

Tal y como se temía, la clase no fue bien. A pesar de que se esforzó mucho, Ariel no logró girar sobre sí misma en ningún momento, se equivocó en los pasos y perdió el equilibrio una y otra vez. Isabella no dijo ni una palabra.

Una hora más tarde, cuando acabó la clase, Ariel fue al muelle para ver a sus amigos.

—¿Cómo ha ido la primera lección de baile? —le preguntó Scuttle.

—Pues mal... ¡Ojalá bailar fuera tan fácil como cantar!

—Pero cuando eras pequeña, tampoco sabías cantar bien —dijo Sebastián—. Tuviste que esforzarte mucho para mejorar.
—¡Ven a la playa! —exclamó Flounder, de repente—. ¡Te ayudaremos!

Esperanzada, Ariel siguió a sus amigos.

—Yo soy experto en remolinos —dijo Flounder—. Cuando doy vueltas debajo del agua, siempre miro a un punto fijo, de manera que sé exactamente cuándo debo parar.

Con los ojos fijos en su amigo, Ariel giró sobre sí misma sin tropezarse.

—¡No está mal! —exclamó el pececito.

—¡Solo es cuestión de entrenar! —añadió Scuttle.

Al día siguiente, durante la clase, Ariel lo hizo mucho mejor. ¡E incluso se empezó a divertir!

—¿Cómo es que lleváis las panderetas decoradas con cintas? —preguntó a las chicas.

—Son regalos de nuestras familias —le respondió una de las bailarinas—. Es una tradición de nuestra tierra.

Por la tarde, Ariel contó la anécdota a sus amigos. Flounder sonrió. Se le había ocurrido una idea para que Ariel también tuviera cintas.

Los días siguientes, Ariel entrenaba siempre que podía. Poco a poco, llegó a ser una excelente bailarina.

El día de la representación, en la playa, Ariel tuvo unas visitas sorpresa: su padre y sus hermanas, que le regalaron unas algas, y Éric, que le dio una cinta de satén verde. Todos querían animarla.

Contenta como nunca, Ariel ató las cintas justo antes de que empezara el baile. Siguió el ritmo y tocó la pandereta de maravilla, y giró exactamente como se tenía que hacer. ¡A las muchachas les salió un espectáculo magnífico!

Disney Princesas

MIÉRCOLES

RAPUNZEL Y SU NOCHE AL RASO

¡La primavera había llegado! Durante el invierno, Rapunzel había estado trabajando con sus padres y también había ayudado a planificar el próximo festival de verano.

Aquel día, fue a dar un paseo por el pueblo. Con un tiempo tan maravilloso, ¿cómo no iba a tener ganas de ir en busca de aventuras?

En una esquina, la princesa se topó con una vendedora de flores.

—¡Oh, perdone! —exclamó la joven.

—No pasa nada. Acabo de llegar y no estoy acostumbrada a este alboroto.

—¿No vive en el pueblo?

—¡Oh, no! Voy donde me llevan mis pasos y siempre duermo al raso —respondió la señora mientras se iba.

«Dormir al raso. ¡Qué buena idea!», pensó Rapunzel. Fue corriendo en busca de sus padres y les propuso que la acompañaran en esa aventura. Por desgracia, aquella noche, el rey y la reina daban una gran cena.

Su amigo Eugene también estaba muy ocupado.
—Lo siento —le dijo—, pero tengo que entrenar para la justa. ¡Ten cuidado con los osos!
Decepcionada, Rapunzel decidió irse con Pascal, su pequeño camaleón.

En primer lugar, fue a buscar provisiones a la cocina del castillo. Pidió una hogaza de pan, un poco de queso y algunas piezas de fruta a la cocinera, pero la mujer le llenó dos cestas hasta arriba de comida.

Después, su dama de compañía embutió ropa y sombreros en dos maletas y un baúl.

—¡Si solo me voy una noche! —protestó Rapunzel en vano.

Con el carro lleno a reventar, por fin podía irse.
—¡Debemos darnos prisa para encontrar un sitio donde acampar antes de que anochezca!

Tras recorrer un buen trecho, llegaron a una hermosa pradera en la que discurría un riachuelo. Además, había un gran sauce que, con su follaje y su tronco, ofrecía un cobijo inmejorable.

—¡Este lugar es perfecto! —exclamó Rapunzel mientras soltaba al caballo.

Sin tiempo que perder, la joven recogió leña y preparó una hoguera para poder cocinar y calentarse por la noche.

Después, buscó en el carro la red de pesca y entró en el agua. En un momento, atrapó a su primer pez. ¡Hacerse su propia cena era mucho más divertido que comerse las provisiones que le había preparado la cocinera del castillo!

Al atardecer, Rapunzel asó en la hoguera los peces que había pescado. De repente, un crujido en los arbustos la sobresaltó. ¿Sería un animal salvaje?

Armada con la sartén, la chica se acercó a un matorral, separó las ramas con cuidado y... ¡empezó a partirse de risa! ¡No era más que una ardillita glotona!

«Pero podría haber sido un oso», pensó ella. Rapunzel cavó un hoyo y lo cubrió con unas mantas que llevaba en el carro. Satisfecha, volvió junto al fuego. Pero, en cuanto se sentó, oyó que algo había caído en el agujero. Acto seguido, un gruñido siniestro resonó en el lugar.

¡No era un oso, sino Eugene!

—Vaya... Quería darte una sorpresa, pero ¡el sorprendido he sido yo! —exclamó con apuro.

—¡Qué alegría verte! Una hoguera solo es auténtica si a su alrededor se cuentan historias, ¡y yo tengo muchas que contarte!

Disney Princesas

JUEVES

EL BAÑO DE LUCIFER

Aquella mañana, Lady Tremaine ordenó a Cenicienta que bañara a Lucifer.

Pero, claro, ¡el gato odiaba el agua!

Cuando la joven entró en la habitación de Anastasia, el animal salió corriendo.

—¡Venga, Lucifer! —exclamó Cenicienta—. ¡El baño no te va a matar!

Por supuesto, tenía razón, pero Lucifer no quería escucharla. Antes de que Cenicienta pudiera atraparlo, cruzó el pasillo a toda velocidad y desapareció.

En aquel momento, Gus y Jaq salieron de su escondite.

—¡Buenos días, amigos! —dijo Cenicienta—. Tengo que bañar a Lucifer, pero ¡ha huido!

—Te ayudaremos a buscarlo —le ofreció enseguida Jaq—, pero primero podemos pedir a los animales del corral que nos avisen si lo ven.

—¡Buena idea! ¡Gracias! —dijo Cenicienta.

Después de haber avisado a sus amigos, los dos ratones empezaron la búsqueda. Como sabían lo glotón que era Lucifer, lo primero que hicieron fue bajar a la cocina.

—¡Aquí no hay gato encerrado! —dijo Gus.

Jaq no se fiaba y demostró tener razón: Lucifer los estaba observando desde dentro del cubo de carbón. De repente, dio un salto, pero hizo tanto ruido que los ratones pudieron escapar.

Después de intentar esconderse en la cuadra, Lucifer decidió que estaría mucho más tranquilo en el bosque. Por suerte, Comandante lo vio alejarse y, con un relincho, avisó a Cenicienta.

—¡Lucifer! —gritó la chica.

Al oír su voz, el gato aceleró el paso y se adentró en el bosque. De pronto, se detuvo, miró a su alrededor y, con cara de preocupación, comprendió que se había perdido.

Por un momento, pensó que estar perdido tal vez no era tan malo. Mientras volvía a encontrar el camino, quizá Cenicienta abandonara la idea de bañarlo.

Pero, entonces, oyó unos ruidos que venían de unos matorrales y empezó a tener miedo. Y cuando vio que anochecía y que comenzaba a tronar, solo pensó en una cosa: ¡volver a casa!

De pronto, empezó a llover con fuerza. Lucifer, empapado, se resguardó bajo un arbusto, donde se llenó de barro. Lo estaba pasando tan mal que empezó a soñar... ¡con un baño caliente!

Por suerte, Cenicienta no había dejado de buscarlo y, al levantar el farol, por fin lo encontró.

—Bueno, ¿ahora ya quieres volver a casa? —le preguntó en tono amable.

Sin dudarlo, Lucifer le saltó a los brazos. Para dar las gracias a sus amigos, Cenicienta llevó a los ratones junto a la chimenea y les ofreció galletas y dulces. En la cuadra, Comandante disfrutaba de un manojo de zanahorias.

Mientras tanto, Lucifer se sumergía en el agua tibia y perfumada de la bañera. Seguía detestando la idea, pero esa vez no dijo nada: el barro y la lluvia eran mucho peores que un baño.

Disney Princesas

VIERNES

AURORA Y LOS UNICORNIOS

Tras semanas de trabajo, Aurora y las hadas habían arreglado el jardín, habían sembrado varios tipos de semillas y las habían regado.

Ahora solamente les quedaba esperar para ver el resultado.

—¡Sí que tardan! —se quejó Primavera.

Aurora había plantado flores que solo se abrían por la noche. Cuando al fin vio que las corolas se desplegaban, llamó con entusiasmo a Flora, Fauna y Primavera.

—¡Sorpresa! —dijo Aurora.

—¡Oh! —exclamaron con alegría las tres hadas. Mientras admiraban los parterres, un ruidito les hizo levantar la cabeza.

Al fondo del jardín, la luz de la luna iluminaba a una familia de unicornios. Tímidamente, se acercaron a los arbustos de flores. Aurora los contempló maravillada.

—Como tienen miedo de que los vean, los unicornios solo salen por la noche —explicó Flora—. Deben de haber olido el perfume de nuestras flores. ¿Sabías que solo comen pétalos?

—¡Espero que tengan suficientes! —respondió la joven.

El bebé unicornio era tan mono que Aurora no pudo resistirse a coger una flor y ofrecérsela. Poco a poco, el animal se le acercó.

—Come todo lo que quieras, pequeño. Aquí estás seguro —le susurró Aurora.

—Venga, dejemos que nuestros invitados cenen tranquilamente —dijo Fauna.

Y mientras los unicornios seguían disfrutando de su festín, Aurora y sus tías se fueron de puntillas a acostarse.

Unos minutos más tarde, el cuervo de Maléfica alzó el vuelo. Normalmente a esas horas no ocurría gran cosa en el bosque, pero, aquella noche, al sobrevolar la casita vislumbró a los tres unicornios.

Cuando volvió junto a su ama, le contó lo que había descubierto.

—¿Unicornios? ¡Puaj! —exclamó Maléfica con cara de asco—. ¡No voy a permitir que se queden en este bosque! Nos ocuparemos de ellos.

En un abrir y cerrar de ojos, una bruma gélida que había brotado de los dedos de la bruja salió del castillo, recorrió el bosque y envolvió las flores del jardín de Aurora.

—¡Ya está! —dijo Maléfica, satisfecha—. Cuando esos animalejos vean que no queda nada para comer, se irán.

Al día siguiente por la mañana, Aurora se puso muy triste al ver el jardín.

—Las flores se han helado —le dijo a Primavera—. ¡Qué mala suerte!

—Oh... Ahora ¿qué comerán nuestros unicornios? —se lamentó el hada.

—Tenemos que ayudarlos —dijo Aurora mientras abría un libro de jardinería—. Tiene que haber flores que resistan el frío. Aquí está: ¡los nomeolvides!

—¿Los hemos plantado? —preguntó Primavera.

—¡Sí! —respondió Aurora.

Con la ayuda de Primavera, Fauna y Flora, la muchacha se pasó el día trabajando en los parterres. Por la noche, ¡todos los nomeolvides se habían abierto!

Seguido por sus padres, el bebé unicornio llegó trotando para saludar a Aurora. La chica le acarició suavemente el cuello.

—¡No me puedo creer que vayamos a tener invitados tan extraordinarios todas las noches! —dijo con una gran sonrisa.

DISNEY PRINCESAS

La Bella y la Bestia

SÁBADO

LA BELLA Y LA BESTIA

En un magnífico castillo que se alzaba en medio de un bosque lejano vivía un príncipe muy egoísta. Una noche, una mendiga le pidió cobijo a cambio de una rosa y, cuando él se negó, ¡ella le reveló que era un hada!

El hada maldijo el castillo y a todos sus habitantes, y transformó al príncipe en un monstruo.

—El hechizo se romperá el día en que te amen por ti mismo —le dijo—. Pero date prisa: ¡si la rosa se marchita, serás una Bestia para siempre!

Café

En un pueblo cercano vivía Bella, una muchacha a quien le encantaba leer. Una mañana, el engreído Gastón le pidió que se casara con él, pero ella se negó. Poco después, Bella se despidió de su padre, Maurice, que se iba a una feria.

Por el camino, los lobos atacaron a Maurice. Su caballo salió huyendo y el hombre se refugió en el castillo de la Bestia, donde los objetos encantados le dieron la bienvenida.

—¡Me llamo Lumière! —le dijo el candelabro.

De repente, se hizo el silencio y apareció la enorme Bestia.

—¿Quién eres? —gruñó, al descubrir a Maurice.

Y, sin dejarle tiempo para explicarse, la Bestia lo encerró en una mazmorra.

Bella supo que su padre tenía problemas cuando vio que su caballo volvía sin él.

—¡Llévame hasta mi padre! —le pidió.

En el castillo, Bella se enfrentó a la Bestia con valentía y consiguió que liberara a su padre.

A cambio, Bella aceptó ser la prisionera de la Bestia. Lejos de lo que esperaba, la Bestia la trató con amabilidad, y, poco a poco, la joven empezó a apreciarlo. Por su lado, la Bestia se enamoró de Bella.

Una noche, la Bestia notó que Bella estaba triste porque echaba de menos a su padre. Le dio su espejo mágico, y Bella vio como Gastón urdía una trama para que su padre fuese encerrado en el manicomio. La Bestia la dejó partir.

Bella se fue corriendo a salvar a su padre.

—¡Dice que ha visto a un monstruo! —se justificó Gastón.

—Mi padre no está loco —contestó Bella mostrándole el espejo con la imagen de la Bestia—. Y no es un monstruo, ¡es mi amigo!

Al ver la expresión de Bella, Gastón se puso loco de celos. Le arrancó el espejo y ordenó al objeto mágico que lo guiara hasta la Bestia.
La chica intentó detener a Gastón, pero llegó demasiado tarde: ¡acababa de apuñalar a la Bestia por la espalda!

Gastón perdió el equilibrio y se cayó al vacío. Mientras tanto, Bella lloraba sobre el pecho de la Bestia.

—¡No te mueras! ¡Te amo! —le dijo.

De pronto, la Bestia se empezó a transformar...

... ¡en un joven apuesto!
—Un hada me maldijo para castigarme por mi egoísmo —le explicó a Bella—. Tu amor me ha liberado.
Y también había liberado a todos los sirvientes del castillo: ¡por fin volvían a ser humanos!

Un tiempo después, Bella y el príncipe se casaron. En el baile posterior a la ceremonia, la pareja bailó un vals bajo la mirada emocionada de Maurice y los habitantes del castillo. ¡Les esperaba una larga vida llena de felicidad!

Disney Princesas

Blancanieves y los Siete Enanitos

DOMINGO

BLANCANIEVES Y LOS SIETE ENANITOS

La madre de Blancanieves murió al dar a luz. Un tiempo después, su padre, el rey, se volvió a casar. Cuando él también falleció, la nueva reina convirtió a Blancanieves en una criada en su propia casa.

Cada mañana, la reina preguntaba a su espejo si era la mujer más bella del reino, y el objeto mágico siempre le respondía que sí. Pero, un día, el espejo le contestó algo diferente:

—Majestad, ¡Blancanieves es ahora la más bella del reino!

En ese preciso momento, Blancanieves trabajaba mientras cantaba una canción. Su bonita voz atrajo a un joven príncipe que pasaba por allí y que, al verla, se enamoró de ella al instante. Ella le correspondió y le lanzó un beso.

Devorada por los celos, la reina mandó llamar al cazador del castillo.

—¡Mata a Blancanieves! —le ordenó.

El cazador condujo a la joven al bosque, pero fue incapaz de hacer daño a aquella muchacha inocente.

El hombre le aconsejó que huyera.

Blancanieves corrió y corrió hasta llegar a una bonita cabaña. Al ver lo sucia que estaba, se puso a limpiarla con la ayuda de los animales del bosque.

Por la noche, la muchacha se estiró en las camitas de la casa y se quedó dormida. Y así se la encontraron los siete enanitos cuando volvieron de la mina tras un duro día de trabajo.

Al despertar, Blancanieves contó su historia a Sabio, Gruñón, Feliz, Dormilón, Tímido, Mocoso y Mudito. Los enanitos le propusieron que se quedara a vivir con ellos y organizaron una fiesta en su honor.

Mientras tanto, la reina se enteró mediante su espejo mágico de que Blancanieves seguía viva. Enloquecida por la rabia, recurrió a un sortilegio. Se transformó en una anciana y sumergió una manzana en una pócima venenosa.

Cuando Blancanieves mordiera la manzana envenenada, caería en un profundo sueño mortal. Solo un beso de amor verdadero podría despertarla. Al día siguiente, la reina esperó a que los enanitos se fueran y entonces fue a visitarla.

—Querida —le dijo la bruja—, te regalo esta jugosa manzana.

Sin sospechar nada, Blancanieves la aceptó y, cuando la mordió, cayó inconsciente.

—¡Perfecto! ¡Por fin vuelvo a ser la más bella del reino! —se rio la reina malvada.

De inmediato, los animales fueron a avisar a los enanitos, y estos persiguieron a la reina hasta la cima de una montaña. Mientras la bruja se preparaba para aplastarlos con una enorme roca, la fulminó un rayo.

Los enanitos no tuvieron valor de enterrar a Blancanieves, así que decidieron instalarla en un ataúd de cristal. Se corrió la voz por el reino, y el príncipe que se había enamorado de la chica fue a despedirse de ella.

Al darle un beso de amor verdadero, se rompió el maleficio. La joven abrió los ojos y reconoció a su príncipe. Para la alegría de los enanitos y los animales del bosque, el príncipe le pidió que se casara con él ¡y Blancanieves aceptó!

If I were an Astronaut...

Written by Fran Bromage
Illustrated by Gareth Williams and Gareth Conway

Miles Kelly

If I were an **astronaut...**

...I'd shoot up to space in a rocket.

can you pretend to
be a **ZOOming**
rocket?

If I were an astronaut...

...I might bounce around on the moon.

How high can you jump?

If I were an astronaut...

...I'd explore the spinning planets.

Can you spin around and around?

If I were an astronaut...

...I'd find out how hot the sun is.

Hop from foot to foot

- it's hot, hot, HOT!

If I were an
astronaut...
...I'd race a speedy comet
right across the sky.

Where can you
race to now?

If I were an astronaut...

...I might spacewalk around the International Space Station.

Can you pretend to spacewalk?

If I were an
astronaut...

...I'd wave at all the stars as I come back down to Earth.

Can you wave your biggest wave?

Can you try all the actions again?